LA
REPRÉSENTATION DES MINORITÉS

AUX CORPS ÉLUS

SYSTÈME ÉLECTORAL DE L'AVENIR

PAR

A. BONTHOUX

Ouvrier Scieur

Prix : 35 Cent.

EN VENTE

A PARIS
LECOURTOIS, Libraire
, rue Daubenton

A LYON
CHEZ L'AUTEUR
13, quai de Vaise, 13

OUVRAGES RECOMMANDÉS

LA
REPRÉSENTATION DES MINORITÉS

AUX CORPS ÉLUS

SYSTÈME ÉLECTORAL DE L'AVENIR

I

LES RAISONS

a. — INTRODUCTION

A l'heure où nos gouvernants bourgeois se préparent à lancer de nouveau l'éternelle navette du scrutin de liste ou du scrutin d'arrondissement, pour apaiser la trop pressante faim populaire de réformes, il serait peut-être bon d'étudier pour l'avenir un meilleur système électoral. Le moment paraît en effet assez propice.

Il est évident que les divers systèmes électoraux pratiqués jusqu'à ce jour en France, n'ont pas toutes les qualités voulues et ont en revanche des défauts assez sérieux pour les faire critiquer avec raison. Ces imperfections feraient même pardonner les perpétuelles tergiversations de nos dirigeants sur ce sujet, si l'ensemble avec lequel ils repoussent les propositions les plus sérieuses qui leur sont présentées, ne faisait pas voir dans un plein jour leur mauvaise volonté. Il faudra cependant vider, une fois pour toutes, cette question ; mais, pour l'*instant*, quoiqu'elle réapparaisse plus pressante que jamais, il est à craindre que nos législateurs, se fondant sur ce que l'opinion publique ne s'en est pas occupée jusqu'ici et qu'elle paraît l'ignorer, ne voudront pas entrer dans la voie où est la solution, parce qu'ils trouvent commode d'amuser le peuple par des semblants de réforme. Ils devraient pourtant bien comprendre que la question du scrutin de liste ou du scrutin d'arrondissement a déjà été trop souvent agitée et qu'elle ne peut plus l'être décemment à moins que ce ne soit pour la résoudre sérieusement. Dans ce cas, il faut agiter, dans l'opinion publique, les diverses solutions présentées, afin qu'elle choisisse en connaissance de cause.

C'est dans ce but que je présente ici le système électoral suivant, qui permet la *représentation des minorités.*

b. — RAISONS MORALES

La représentation des minorités aux corps élus est une idée toute nouvelle pour ainsi dire ; car elle est aux antipodes des idées de domination brutale qui ont régné seules jusqu'ici dans les sociétés. Elle renferme une pensée de justice bien opposée à la primauté de la force, aussi n'est-il pas étonnant qu'on n'en trouve pas de trace dans le passé et que ses premières apparitions ne datent pas de plus loin que de cette dernière moitié de siècle.

Des essais de réalisation ont été faits dans plusieurs pays, mais chez nous, les rares propositions qui se sont produites n'ont point eu de suite, elles ont passé inaperçues du public qui les a ignorées, ou duquel elles sont restées incomprises, tellement elles étaient en opposition aux idées admises par lui. Quelques-unes cependant étaient très sérieuses, notamment celle de E. de Girardin en 1875, celle présentée par divers députés en 1885, ainsi que celle développée récemment par Godin dans de très intéressantes brochures ; pourtant, malgré elles, on peut dire que la représentation des minorités est une question toute nouvelle pour notre pays.

***
** **

A mesure que l'empire de la force brutale diminue, les idées humaines de justice, d'équité grandissent, gagnant peu à peu du terrain sur l'animalité. C'est ainsi qu'a pu venir la pensée de donner aux minorités une représentation dans les conseils publics et, par suite, un moyen d'y défendre leurs intérêts. C'est là un des faits qui permettent de constater le terrain conquis par la civilisation, par l'adoucissement des mœurs, par les idées plus hautes : témoins irrécusables des progrès de l'humanité.

La question de la représentation des minorités est à la fois une pensée de justice, une inspiration libertaire et un acte de fraternité : elle est au plus haut degré une œuvre de progrès :

Elle est une pensée de justice, d'équité, puisqu'elle propose de donner aux faibles des moyens de faire valoir leur droit à la vie ; elle est une inspiration de liberté, parce qu'elle donne un droit nouveau, un pouvoir nouveau ; et elle est un acte de fraternité, parce qu'elle réalise une concession des puissants aux faibles, parce qu'elle est une main plus douce, tendue, par dessus la force brutale inhumaine, par des plus forts à des plus faibles, parce qu'elle consacre un adoucissement des relations sociales. C'est donc bien une œuvre de progrès humain, car toutes ces choses sont évidemment des réalisations du mieux : du bien.

Mais c'est une œuvre de progrès pour une toute autre et bien puissante raison.

Le présent, imprégné d'un amour divin nouveau qui le pousse sans relâche, quoique encore malgré lui, à la recherche du vrai absolu, du beau, du bien, s'est convaincu que dans cette course à la vérité, où tous les esprits nobles s'entraînent de plus en plus, il y a toujours, nécessairement, des coureurs plus habiles ou plus heureux qui arrivent les premiers, et qui, alors, seuls encore à connaître le vrai, ont le droit et même le devoir de le répandre, de le propager, et il les aide — et les protège quelquefois — dans l'usage de ce droit, dans l'accomplissement de ce devoir.

C'est ainsi que sous la sollicitation de ce sentiment nouveau, tout novateur dans les sciences est écouté avec une attention religieuse, et que, dans cette branche des connaissances des hommes, aucune idée neuve n'est rejetée sans examen, et même fréquemment sans avoir été soumise à des expériences sérieuses ; et cette attention, cette aide — car c'est une aide réelle, souvent une collaboration qui est accordée aux novateurs, soit dans les sciences et les arts, soit dans le machinisme — et cette attention, dis-je, a eu pour résultat d'activer les progrès scientifiques et industriels d'une manière immense, presque inconcevable ; c'est d'elle qu'est venue cette suite interrompue et étonnante de découvertes merveilleuses. Eh bien ! se peut-il que ce qui produit de si bons fruits dans les sciences physiques soit rejeté quand on veut l'appliquer à la grande science de l'organisation harmonique des sociétés, à la grande science de la politique !

Non, il ne le faut pas. Il faut, au contraire, que tout esprit, que tout génie avant-coureur puisse étaler ses découvertes sociologiques et en faire profiter l'humanité.

De toutes les améliorations sociales, celle-ci : *la représentation des minorités,* sera certainement la plus puissante en conséquences progressives, car elle permettra à tous les idéals nouveaux, dès qu'ils auront acquis un peu de consistance, de gagner le grand jour des délibérations publiques retentissantes, et les hommes, de plus en plus éclairés, leur feront de plus en plus vite un accueil favorable.

c. — RAISONS POLITIQUES

Je viens de donner aux hommes de progrès une raison que je peux dire absolue : elle est suffisante à elle seule pour les convaincre ; cependant, il y en a encore d'autres importantes.

Les sociétés actuelles se traînent dans des difficultés grandissantes, et déjà elles semblent arrivées à une impasse où un cataclysme social devient inévitable. Est-ce au moment même où l'on se sent arriver au bout du fossé qu'on peut rejeter les voies par lesquelles le salut peut venir ! Car il ne faut pas se faire illusion : soit en finances publiques, soit en misère populaire, on est à bout ; il faut sortir de là.

Est-ce quand les grands maîtres de l'opportunisme par leur long e, néfaste et impuissante station au pouvoir, quand les grands apôtres du radicalisme : Clémenceau, Pelletan, Révillon et autres en tête, par l'avortement piteux de leur grande commission d'enquête des 44 en 1885, nous ont montré et démontré leur ignorance profonde des choses sociales, des intérêts populaires ; est-ce alors, dis-je, qu'il faut rejeter le moyen d'appeler aux affaires des hommes nouveaux et de nouvelles idées ! L'inverse est vrai plutôt : Il faut que cela change ; c'est une nécessité.

Et puis, quand on voit la corruption éhontée du monde politique actuel, ou sent le besoin de le régénérer ; quand on voit le gaspillage effréné des deniers publics par des majorités sans contrôle on sent la nécessité de placer à côté d'elles des minorités vigilantes ; quand on voit la désinvolture avec laquelle les hommes politiques se jouent cyniquement de leurs professions de foi, de leurs opinions et de leurs promesses, le besoin de les rappeler incessamment au devoir et de les y maintenir constamment s'impose impérieusement.

Eh bien ! tout cela, *la Représentation des minorités* l'apportera avec elle : Par elle le monde politique sera imprégné d'hommes et d'idées nouvelles (puisque les minorités qui ont été exclues jusqu'à ce jour pourront être et seront représentées) ; par elle les majorités verront surgir à leurs côtés des contrôles jaloux et vigilants (puisque leurs adversaires, éloignés jusqu'ici, seront au milieu d'eux veillant aux affaires publiques) ; par elle incessamment les hommes politiques, qui ne pourront plus compter que sur leurs électeurs spéciaux, seront maintenus dans la souvenance de leurs promesses, dans l'accomplissement de leur devoir (puisque, comme on la verra plus loin, les votes des électeurs inconscients seront annihilés, et les seuls conscients, qu'on ne pourra leurrer, seront les véritables électeurs).

★
★ ★

Les minorités peuvent gêner les majorités! c'est justement pour cela qu'elles sont bonnes ; elles sont un contrôle nécessaire, elles sont un guide, un conseil souvent utile et jamais nuisible ; si la majorité est dans le vrai, dans le bien, elle n'a pas à les craindre ni à s'en préoccuper ; si au contraire la majorité veut faire le mal, les minorités sont des obstacles nécessaires. Donc elles ne peuvent pas gêner dans le bien, car *là* on peut agir malgré elles sans les craindre; elles ne peuvent qu'empêcher le mal.

La représentation des minorités est, pour le bien des affaires publiques, une institution indispensable.

★
★ ★

Mais, dira-t-on, dans l'état actuel, les minorités pourraient faire des alliances, ce qui leur permettrait de parer un peu au désavantage que peut avoir pour elles le scrutin de liste. C'est vrai ; mais ce n'est qu'imparfaitement vrai ; car, outre qu'il n'est pas toujours possible de les faire, ces alliances, il arrive aussi qu'on n'est pas libre de les choisir. Ainsi, l'on peut être obligé de s'allier à des adversaires, à des ennemis, qu'au fond du cœur, on aimerait mieux voir battus que ceux mêmes contre lesquels on doit chercher des alliés. Et de plus, dans tous les cas, le système des alliances est mauvais pour les partis de progrès et pour les prolétaires en particulier, quand elles ne se bornent pas à se produire dans leurs rangs ; sans compter que, même encore dans ce cas, elles nuisent toujours à la franchise des programmes qu'elles obligent à mitiger et parfois à dénaturer assez gravement, ce qui est un véritable malheur, car la propagande ne profite réellement bien que quand elle se fait franchement et sincèrement.

C'est pour tout cela et pour bien d'autres raisons, dont je donnerai plus loin les principales, que je regarde la représentation des minorités comme absolument nécessaire et que je vais essayer avec mes lecteurs, de trouver une solution convenable à chacune des questions que son application soulève.

———————

II

EXPOSÉ MATHÉMATIQUE ET QUESTIONS DIVERSES DU PROBLÈME

a. — PROBLÈME ET SOLUTIONS

Le problème de *la représentation des minorités* consiste à trouver un mode de votation qui permette de faire représenter tous les partis, toutes les opinions, tous les intérêts le plus exactement possible proportionnellement à leur importance numérique.

En commençant, disons d'abord qu'il n'est pas possible de représenter *toutes* les minorités. Cela se conçoit, puisque le nombre des représentants est lui-même limité. En général, pour pouvoir être représentée, une minorité doit être d'autant plus grande que le nombre des représentants à élire est plus petit ; ou, pour parler un langage un peu plus mathématique, elle doit être à la population électorale dans le même rapport que l'unité est au nombre des représentants à élire ; c'est-à-dire, en inversant les termes de la proportion, elle doit être le tiers de la population quand il y a trois représentants, le quart quand il y en a quatre, et seulement la dixième ou la centième partie quand il y en a dix ou cent à élire ; elle doit être dans un rapport inverse au nombre des représentants à élire.

Maintenant revenons au problème.

Je suppose un exemple simple, en chiffres ronds pour rendre la question et le raisonnement plus faciles : soit 100 électeurs votants, ayant dix représentants à nommer (1). Pour que les minorités soient exactement représentées d'après leurs forces, il faudrait, dans ce cas, que chaque groupe de dix votants puisse obtenir un représentant ; puisque, en effet, il y aura un représentant par dix votants.

Ceci posé, la solution est évidente : il faut que les dix électeurs de

____

(1) Un conseil nommant une commission par exemple, ou bien une petite commune nommant ses conseillers municipaux.

la minorité suffisent à produire le nombre de voix nécessaire à l'élection.

Puisqu'il y a dix élections à faire, ce nombre de voix, quel qu'il soit, sera au plus, le dixième du total des voix. Qu'on donne maintenant à chaque électeur, un nombre quelconque de voix à exprimer : une, deux, trois… cinq, six… dix, etc ; *mais*, condition expresse, *qu'on le laisse libre d'en disposer à sa volonté*, les électeurs de la minorité pourront reporter sur un même et seul candidat toutes leurs voix qui, réunies, formeront alors nécessairement le nombre de voix voulu.

Revenons à l'exemple proposé et mettons des chiffres :

Si nous ne donnons, par exemple, qu'une seule voix à chaque électeur, qu'un seul nom à porter sur son bulletin, les 100 électeurs disposeront d'un total de 100 voix qui, réparties entre 10 élus, donneront au maximum ($100/10 = 10$) dix voix en moyenne à chacun, chiffre que la minorité elle-même peut donner à son candidat, qui ainsi sera un des dix élus.

Si, au lieu d'une voix, nous en donnons 10 à chaque électeur, si nous lui donnons 10 noms à mettre sur son bulletin (en le laissant libre, bien entendu, de les donner toutes au même si telle est sa volonté), les 100 électeurs disposeront d'un total de ($10 \times 100 = 1000$) mille voix qui, réparties entre dix élus donneront au maximum ($1000/10 = 100$) cent voix en moyenne à chacun, chiffre que la minorité peut elle-même encore donner à son candidat, puisque, à 10 voix par électeur, ce candidat obtiendra 100 voix et, ainsi, sera un des dix élus, à la condition, je le répète, que chacun des dix électeurs de la minorité lui donnera bien toutes les 10 voix dont il dispose.

Si au lieu de une ou de dix voix, nous donnions à chaque électeur un autre nombre quelconque de voix à porter sur son bulletin, 8 par exemple, nous verrions encore que les 100 électeurs disposeraient d'un total de $8 \times 100 = 800$ voix qui, réparties entre dix élus, donneraient au maximum $800/10 = 80$ voix en moyenne à chacun, chiffre que la minorité pourrait encore elle-même donner à son candidat : puisque à 8 voix par électeur, les dix électeurs qui la composent disposeraient bien en effet de $8 \times 10 = 80$ voix qui, données au même candidat, feraient le chiffre maximum qui puisse être nécessaire à l'élection.

Ainsi, on le voit, que l'on donne à chaque électeur un nombre quelconque de voix à distribuer, la minorité pourra toujours, aussi bien une fois que l'autre et de la même manière, se faire exactement représenter, *pourvu que les électeurs soient maîtres de disposer à leur gré de leurs voix.*

La solution du problème est donc simplement de donner aux électeurs la liberté d'user à leur volonté du nombre de voix dont ils disposent. Le résultat sera alors infailliblement, de faire représenter les minorités selon la mesure exacte de leurs forces.

*
* *

Maintenant, quel sera le nombre de voix dont devra disposer chaque électeur ?

Mathématiquement ce nombre est indifférent et peut être pris arbitrairement, puisque, comme nous venons de le voir, il n'influe pas sur le résultat. Il n'y a à respecter qu'une condition le concernant : c'est qu'il soit le même pour tous les électeurs du même collège électoral. C'est là une condition peu difficile à satisfaire. Cependant, je crois qu'il y aurait, dans la pratique, de sérieux avantages à employer un nombre plutôt que d'autres ; et celui qui offre ces avantages, c'est le plus petit, le nombre UN.

Quand on adopte un nombre autre que *un*, dix, par exemple, on permet par cela même à l'électeur de subdiviser son suffrage en dix parties qu'il peut distribuer à plusieurs candidats; mais d'un autre côté, le vote cumulatif, qui devient en quelque sorte obligatoire dès qu'il est autorisé (1), réunit les parties du suffrage sur un seul candidat et il en résulte que le nombre dix, adopté au lieu et place de un, n'a fait que *multiplier tous les nombres du résultat*, mais par cela même n'a pas changé de place les différences, c'est-à-dire n'a pas déplacé les majorités.

Le premier avantage qu'il y aurait à ne donner qu'une seule voix à chaque électeur, c'est que le scrutin serait beaucoup plus simple, beaucoup plus facile, beaucoup moins long. Ne dépouiller qu'un seul nom où, avec l'ancien système, l'on était obligé quelques fois d'en dépouiller 10, 20 ou 30, c'est certainement une commodité réelle.

Le second avantage, c'est que les bulletins à un seul nom égaliseraient pour ainsi dire d'un bout de la France à l'autre tous les électeurs, qui n'auraient plus, comme cela a lieu actuellement, les uns 8, les autres 4, et d'autres 20 voix, etc., à distribuer : quelle que soit la circonscription, ville ou campagne, Paris ou la province, la puissance de chaque électeur serait ramenée au même taux, ce qui est certainement conforme à nos principes égalitaires.

Mais l'avantage le plus imprévu et le plus heureux peut être, c'est que, même avec un collège électoral restreint, les élus eux-mêmes, qu'ils soient des villes grandes ou petites ou des campagnes obtiendraient par toute la France un nombre sensiblement égal de voix, puisque le nombre des députés des circonscriptions est en quelque sorte proportionnel au nombre des électeurs.

Ces deux derniers résultats, il est vrai, pourraient être obtenus avec un autre quantum quelconque de voix par électeur, s'il était uniforme dans toute la France.

(1) Voir plus loin p. 9 **et aussi** § V. *Considérations pratiques.*

Le quantum d'une voix par électeur serait aussi le plus commode pour les électeurs eux-mêmes. Je ne parle pas du cas de ceux qui sont membres d'un parti qui ne pourrait porter qu'un candidat; il est clair que ceux-là n'ont point de difficulté quel que soit le quantum adopté, puisqu'ils n'ont tous qu'à donner toutes leurs voix au même; mais pour les autres c'est bien différent. Prenons un cas général, celui par exemple d'un parti qui, étant donné un quantum de douze voix, se propose de porter cinq candidats qu'il croit pouvoir faire élire. Il faut que les cinq candidats arrivent en même temps sur la liste si l'on veut qu'il n'y en ai pas un qui reste sur le carreau. Si chaque électeur de ce parti a douze voix à donner, il pourra en donner deux à chacun de ses candidats, mais comment distribuera-t-il les deux dernières de manière qu'il n'y ait pas de candidat de sacrifié? Je sais bien que l'on peut y arriver; mais le moyen détourné qu'il faut prendre pour cela, prouve justement qu'il n'y a aucun avantage à choisir un autre nombre que le nombre un pour le quantum de voix de chaque électeur, et il prouve aussi, comme je l'ai dit plus haut, que le vote cumulatif absolu devient réellement obligatoire en fait dès qu'il est autorisé; puisque ce moyen de répartir exactement les voix des électeurs d'un parti entre ses candidats, consiste à grouper entre eux les électeurs en groupes contenant chacun autant de membres que le parti porte de candidats et alors, chacun des électeurs des groupes ainsi formés vote pour un seul des candidats en prenant soin de ne pas voter pour le même candidat que ses collègues de groupe, et il en résulte qu'entre les cinq électeurs groupés du cas que nous avons pris pour exemple, ils donnent douze voix à chacun des cinq candidats.

Les membres des groupes constitués comme nous venons de voir, peuvent encore employer un autre système moins facile, mais qui en définitive, revient au même, c'est-à-dire à faire donner a voix à chacun des b candidats par b électeurs qui auront chacun a voix à donner.

Il n'y a donc point d'avantage à ce que chaque électeur ait le pouvoir de distribuer les parties de son suffrage, ses voix, puisqu'il lui faudrait en réalité les réunir sur un seul candidat s'il veut les employer utilement. Il lui serait tout aussi avantageux qu'elles se trouvent toutes réunies par le fait d'un seul nom à mettre sur chaque bulletin de vote (1).

En résumé, il y a de réels avantages de simplicité pour la pratique

(1) Quand, avec le vote cumulatif, les électeurs ont plusieurs voix à distribuer, plusieurs noms à inscrire sur leurs bulletins, dix par exemple, on peut mathématiquement regarder ces dix voix comme les dix parties d'un même suffrage, l'électeur donne ainsi un ou plusieurs dixièmes de son suffrage à un candidat, un ou plusieurs à un autre, ou il donne les dix dixièmes au même.

On verra plus loin, § VI, une nouvelle démonstration de l'obligation du vote cumulatif absolu dès qu'il est autorisé et, par conséquent, de l'inutilité de donner plusieurs voix à chaque électeur.

du vote, de brièveté pour les dépouillements et d'égalité entre les élus
à ce qu'on fixe à l'unité seulement le quantum des voix de chaque
électeur, et cela, sans qu'il y ait aucun désavantage réel en retour.

b. — FORMULE DE LA MAJORITÉ ABSOLUE.

Il convient maintenant d'examiner comment, avec ce système, doit
être fixée la majorité absolue ou autre nécessaire pour parfaire l'élection.

Je ne sais pas comment on l'établit actuellement dans le scrutin de
liste, ou plutôt je ne comprends pas comment on a pu adopter un procédé qui peut permettre plus d'élections qu'il n'en faut ; car, en réalité,
le moyen actuel de fixer la majorité absolue pour le premier tour du
scrutin de liste laisse possible qu'un nombre presque double de
candidats obtiennent la majorité, dite absolue, mais qui ne l'est pas
du tout, puisqu'on peut l'obtenir et cependant arriver trop tard sur la
liste des élus.

Mais laissons de côté cette critique de ce qui est et voyons ce qui
devrait être et en tous cas ce qui sera nécessairement — si l'on con-
tinue à se servir de la majorité absolue — quand on voudra employer
le système de votation que je préconise ici.

Voici le raisonnement qui permet de déterminer quelle doit être la
majorité absolue :

Le quantum de la majorité absolue doit répondre à deux conditions :
1° il doit permettre que, dans les cas normaux, tous les représentants à
élire puissent l'être d'une seule fois ; ce qui exige qu'il ne soit pas supérieur au quotient de la division du nombre V des Voix exprimées,
par le nombre R des Représentants à élire. Ainsi la limite supérieure
de la majorité absolue est égale à $\frac{V}{R}$; mais il est clair que ce nombre
serait trop fort, car quoique à la rigueur il pourrait être atteint simul-
tanément par tous les élus, le cas où il n'y aurait pas de ballottage
serait impossible en fait, puisqu'il faudrait pour cela qu'aucune voix ne
s'égare sur d'autres noms que ceux des élus, et qu'en même temps
aucun de ceux-ci n'en ait plus que les autres, ce qui serait l'unanimité
ou tout au moins lui correspondrait ;

2° La majorité absolue doit aussi ne pas pouvoir être atteinte par
un nombre de candidats plus grand que celui R des représentants à
élire ; c'est-à dire qu'elle doit être plus grande que le quotient du
nombre V, total des voix données, divisé par *le nombre plus* UN *des*
Représentants à nommer, condition qui peut s'exprimer par
Majorité $> \frac{V}{R+1}$

Les deux conditions que je viens d'exposer ci-dessus seraient évidemment remplies en faisant la Majorité $= \left(\dfrac{V}{R+1} + 1 \right)$ D'où l'on déduit qu'une majorité égale au quotient augmenté d'une unité du total des voix émises divisé par le nombre *plus un* des représentants à élire serait une majorité absolue, c'est-à-dire serait une majorité avec laquelle un candidat serait infailliblement élu : elle serait en même temps la plus petite.

c. — RAISONS DE PRÉFÉRENCE POUR LA MAJORITÉ RELATIVE.

En étudiant avec soin les circonstances qui pourraient se produire dans l'application du système de votation précédent on se convainc facilement que des élections faites à la majorité absolue ne seraient pas sans inconvénient, car ALORS *le vote ménagerait des surprises désagréables aux partis qui ne sauraient pas apprécier exactement leurs forces et qui auraient des ambitions trop grandes.*

Ainsi, avec ce procédé électoral, *dans la condition d'élections se faisant à la majorité absolue,* si au premier tour de scrutin, un parti quel qu'il soit prenait un nombre de candidats supérieur à celui auquel ses forces réelles lui donnent droit, il n'aurait plus alors assez de voix pour les faire élire à la majorité absolue, car elles se disperseraient trop et il y aurait ballottage pour la part de représentation qui lui revient, tandis que le parti adverse, s'il était plus exact ou plus heureux appréciateur de ses forces, verrait ses candidats élus régulièrement, de sorte que ce dernier parti, qui, par les élections qu'il obtiendrait ainsi, serait déjà exactement représenté, étant appelé à concourir encore au scrutin de ballottage, aurait une nouvelle part dans son résultat ; si bien qu'au total il se pourrait, à la vérité, qu'il obtienne une double représentation.

Voici un exemple, pris du reste au hasard : soit, dans une circonscription électorale ayant six représentants à élire, deux partis en présence, dont les forces sont respectivement proportionnelles aux nombres 2 et 3.

D'après ces données, le quantum de voix par électeur étant UN, la majorité absolue sera 15 voix par cent votants. Pour plus de simplicité, prenons cent votants. Les quarante électeurs de la minorité ont, au total, 40 voix à donner, s'ils prenaient trois candidats, chacun d'eux n'aurait que 13 voix et par conséquent ne serait pas élu, puisque la majorité absolue, disons-nous, serait de 15 voix ; mais ce parti, plus sage, se contente de deux candidats qui obtiennent alors 20 voix chacun et sont élus. Les soixante votants de la majorité ont un total de 60 voix, en les répartissant sur quatre candidats, ils les éliraient avec chacun 15 voix ; mais au lieu de cela, supposons que ce parti prend cinq candidats, ceux-ci n'obtiennent plus alors que 12 voix et sont par conséquent en ballottage. Dans ce cas, il y aura un second tour de scrutin pour compléter la représentation de la circonscription ; mais, alors, la majorité ne peut plus espérer quatre représentants, comme sa force lui donnait droit, car les nouvelles élections seront, elles aussi, à peu près proportionnelles aux forces des partis en présence. Ainsi, la minorité, avec ses quarante votants, a 40 voix à donner, qui données à deux candidats, leur font à chacun 20 voix ; les soixante votants de la majorité en prenant trois candidats seulement ne pourront non plus leur donner que 20 voix à chacun ; de sorte que la minorité dans ce cas, par le fait même de son plus petit nombre de votants et de candidats a bien plus de chance de voir ses deux candidats arriver ensemble, que n'en a la majorité pour les trois siens ; car un de ceux-ci court fort le risque de rester en arrière par suite d'un mauvais partage des voix. Il y a, en tous cas, plus de risques pour un des trois derniers que pour un des deux autres. On peut donc dire que la minorité aura encore deux élus au ballottage, de sorte qu'au total, au lieu d'avoir deux représentants comme sa force l'y autorisait, elle en obtiendra quatre ou au moins trois ; tandis que la majorité qui devrait en avoir quatre, n'en obtiendra que deux ou, au plus, trois.

Il est facile de voir d'un autre côté que, si c'était la minorité qui se trompe et qui prenne au premier tour trois candidats au lieu de deux, comme nous avons supposé qu'elle avait la sagesse de le faire, elle échouerait infailliblement au premier tour, et, au second, elle courrait grand risque de ne pouvoir obtenir aucun élu ; en tous cas, il lui serait impossible d'en avoir plus d'un, et ainsi, tandis qu'en réalité sa force lui donnerait presque le droit à trois représentants, elle verrait sa représentation légitime réduite de moitié.

On peut objecter que dans les deux cas exposés ci-dessus, le mal vient d'un manque de sagesse et que les fous ou les sots ont tort ; c'est un peu vrai, mais ce ne l'est qu'un peu, car il y a parfois des erreurs excusables, et, de plus, une course à la sagesse, pour qui parle d'équité, ressemble ici à un jeu d'habileté, à un jeu de la force, chose que l'on veut anihiler dans ce mode de vote ; en tout cas, les représentations ne seraient plus proportionnelles aux forces des partis et c'est un tort qu'un bon système de représentation des minorités, de représentation des opinions, qui veut être parfaitement équitable ne doit pas avoir.

La cause de ce défaut est dans l'élection à la majorité absolue. A chaque votation, il est bien réellement impossible à aucun des partis d'obtenir, sur les élections à faire, un représentant de plus que ce que la proportion réelle de ses forces lui donne droit d'avoir ; aussi l'équité la plus parfaite n'y est pas violée ; mais le double vote, par suite de ballottage, détruit cette équité en faveur du parti dont les représentants sont élus au premier tour.

Le remède à cela serait donc *de faire toujours les élections à la majorité* RELATIVE.

Mais, on le comprend, il est nécessaire d'assurer aux élections une sanction sérieuse du corps électoral. C'est ce besoin qui a fait demander jusqu'ici que le vote n'ait de résultats au premier tour qu'à la condition d'un minimum de voix capable de prouver que cette sanction utile est obtenue. Mais ce besoin serait certainement satisfait avec la majorité relative, si l'on exigeait qu'il y ait, au premier tour, une sérieuse quantité de votants, pour que le résultat soit acquis définitivement. On pourrait, par exemple, demander la moitié, les trois cinquièmes ou les deux tiers des inscrits, voir même les trois quarts, ce qui pourtant serait peut-être excessif (1). Avec cette condition, la manifestation du corps électoral serait suffisante pour ne pas laisser craindre qu'il y ait surprises ou erreurs.

Le vote à une seule voix par électeur, et les élections se faisant toujours à la majorité relative, sous condition d'un concours convenable d'électeurs au premier tour, étant choses admises, il serait à peu près impossible qu'un parti obtienne réellement un représentant, en plus ou en moins que ce que son importance lui donne droit d'avoir. La différence ne pourrait plus guère être qu'une quantité fractionnaire qui, selon l'habileté des partis, serait ou en excès ou en défaut, sur leurs droits respectifs.

Ainsi, un parti qui comprendrait un peu plus de trois douzièmes des électeurs, quoique un peu moins des quatre douzièmes, pourrait avoir, selon son habileté, ou trois ou quatre représentants sur douze ; mais toute l'erreur possible serait dans des différences analogues.

d. — DE LA RÉVOCATION DU MANDATAIRE ET DES ÉLECTIONS COMPLÉMENTAIRES

Comme complément, à la représentation des minorités, il se présente une petite difficulté : c'est celle des élections complémentaires, par suite de vacances pour une cause quelconque.

Mais avant, il serait bon d'étudier une autre question importante qui, je crois, doit être vidée avant. Je veux parler de la *Révocation* du mandataire par les électeurs, ses mandants.

Notre Code civil porte, dans un de ses articles, les plus célèbres et les plus véritablement justes, que *le mandataire* est toujours révocable pour ou sans cause.

Et cela se conçoit : le mandataire, qui a la mission de *représenter* le mandant dans des circonstances quelconques, où il se présente pour lui, à sa place, doit en être, pour ainsi dire, un autre lui-même. Il doit

---

(1) On peut cependant, sans inconvénient, demander un nombre relativement considérable de votants, car il est certain qu'avec un mode de votation qui fera place aux minorités, le scrutin sera plus fréquenté, parce que beaucoup d'électeurs qui se désintéressent actuellement des élections, convaincus qu'ils sont de l'inutilité de leurs efforts, s'approcheront des urnes dès qu'ils auront des chances de réussir à faire entendre leurs voix.

s'identifier à lui, être animé des mêmes désirs, des mêmes craintes, des mêmes intérêts ; je dirais presque qu'il doit avoir les mêmes passions, le même tempérament, la même ardeur, la même patience, le même emportement ; aussi, dès qu'il n'a pas tout cela, il ne le *représente* plus bien, et il est incapable de le bien représenter.

Et remarquez qu'il ne suffit pas que cette ressemblance existe à un moment donné, alors que la délégation s'est faite, par exemple ; il faut qu'elle soit toujours quand le mandataire veut se présenter au nom du mandant, et cela par quelque péripétie que passe l'opinion ou la manière d'être de celui-ci. Le mandataire doit suivre et reproduire fidèlement les modifications, les fluctuations qu'éprouvent les pensées, les désirs et les intérêts du mandant.

Il suit de ce qui précède que si, *pour une cause quelconque,* l'accord nécessaire n'existe plus entre l'élu et l'électeur, celui-là, je le répète, ne peut plus bien représenter celui-ci. Et s'il ne le peut plus bien, de quel droit le ferait-il encore malgré lui ? Mais ! une question d'honnêteté, de moralité le lui interdirait, alors même qu'il aurait le consentement, et il devrait s'en abstenir, se récuser de lui-même ; car il est devenu *incapable* de le représenter.

Je sais bien qu'il est difficile de dire que le mandataire a ou n'a pas les qualités nécessaires à sa mission ; aussi, dans cette chose, l'évaluation est une affaire de confiance, de plus ou moins de confiance, et seul le mandant peut savoir s'il a confiance, seul il peut en juger, et seul aussi, il doit avoir le droit d'en juger. Et comme la confiance ici est absolument nécessaire, et que d'autre part, elle ne se commande ni ne s'impose ; il faut que l'électeur puisse réellement révoquer sa représentation quand elle ne répond plus à sa volonté.

Mais je m'attarde inutilement, car pourquoi chercher à établir la légitimité des droits incontestables des mandants, quand les discuter serait presque admettre qu'ils peuvent être discutables, et quand nous savons tous qu'ils sont évidents et inaliénables ?

Ce que j'ai voulu seulement, c'est les exposer pour voir ensuite si, dans le cas particulier et important qui nous occupe, il n'y a pas moyen de leur donner satisfaction, ou tout au moins dans quelle mesure il est pratiquement possible de les respecter :

Par eux le mandataire doit être sans cesse révocable à la volonté des mandants, quels qu'en soient les motifs et même sans motifs apparents ; même sans autre motif qu'un manque de confiance.

Avec la représentation des minorités, il sera bien difficile, pour ne pas dire plus, de déterminer parmi les électeurs quels sont les mandants d'un élu. Cependant une circonstance importante de l'élection peut permettre de tourner la difficulté :

Aucune élection ne se fait et surtout ne se fera sans qu'un comité, c'est-à-dire un groupe de vingt, trente ou d'un plus ou moins grand nombre d'électeurs, ne s'entremette entre le candidat qu'il patronne et la grande masse des électeurs dont, par ce fait, il représente réellement l'opinion et dont il est évidemment le délégué. Ce comité, qui a patronné la candidature est donc bien en état et en situation de juger, dans la suite, si le mandataire représente convenablement ses électeurs, s'il est toujours en conformité d'idées et d'intérêts avec eux et s'il remplit d'une manière satisfaisante ses obligations. Il suffirait donc, pour rendre pratique le droit des électeurs de veiller constamment à la conduite de leurs représentants et d'en réprimer les écarts, de donner une vie et une forme légales à ces comités — qui sont déjà indispensables par le fait et qui le deviendront de plus en plus — et de les armer du droit de révoquer l'élu dont ils ont patronné la candidature. En entourant cette institution de quelques précautions pour en régulariser le fonctionnement, on mettrait ainsi très bien à leur place des droits qui sont trop méconnus actuellement et que nos députés cherchent, aussi criminellement que lâchement, à faire tomber en désuétude.

La nécessité de rendre possible et pratique la révocation des élus qui n'ont plus la confiance de leurs électeurs crée des conditions qui font des élections complémentaires un problème véritablement difficile à résoudre d'une façon satisfaisante, surtout étant donnée la représentation des minorités. Je ne trouve même que deux solutions quelque peu admissibles :

La première consiste à donner au comité, que nous avons déjà armé du pouvoir de révocation, un nouveau pouvoir de désigner un remplaçant ou suppléant du mandataire en titre ; ce suppléant pourrait en temps ordinaires être chargé de seconder le titulaire, de le remplacer en cas de maladie ou d'empêchement et de lui succéder en cas de démission, de destitution ou de décès (un système analogue était employé à l'Assemblée nationale de 1789 et je le crois assez pratique).

La seconde est plus simple et meilleure à mon avis, elle consiste à ne pas faire d'élections complémentaires et à renvoyer le remplacement des vacances aux renouvellements ordinaires que, pour cette raison déjà et pour d'autres importantes qu'on verra plus loin, il faudrait le plus fréquents possible.

Mais en définitive, cette question des élections complémentaires est de peu d'importance et il ne faut pas s'en préoccuper outre mesure, Le vrai remède est dans la fréquence des renouvellements réguliers.

* *

En résumé, en laissant de côté la question des élections complémentaires dont on peut ne pas tenir compte, surtout si l'on ne donne pas

au mandat une durée de plus de deux ans, on peut dire que *la représentation des minorités serait assurée, aussi exactement qu'on peut le désirer,
au moyen d'élections faites à la majorité relative, moyennant un minimum
déterminé de votants au premier tour,* A LA SEULE CONDITION QUE LES
ÉLECTEURS NE PORTENT QU'UN SEUL NOM SUR LEURS BULLETINS DE VOTE
ou QU'IL LEUR SOIT PERMIS DE CUMULER SUR UN SEUL NOM LES VOIX DE
LEURS BULLETINS.

III

DES DIVERS PROJETS PRÉSENTÉS

a. — EXPOSITION

Depuis quelques années, plusieurs projets réalisant la représentation
des minorités ont été proposés soit aux parlements, soit à l'opinion
publique. Les parlements et l'opinion publique n'y ont cependant
guère fait attention ; ce n'est pas à dire pourtant qu'ils ne méritaient
pas mieux.

En 1885, lors du rétablissement du scrutin de listes, quelques
députés proposèrent à la Chambre le vote cumulatif. C'était, au point
de vue de la représentation des minorités, une amélioration considérable. Je ne m'étends pas plus sur ce projet que je ne connais pas dans
ses détails : les circonscriptions électorales devaient, je crois, continuer
à être, comme aujourd'hui, le département pour les élections législa-
tives, et le projet restait muet pour ce qui intéresse les autres corps
élus. Dans les grands départements qui ont huit, dix ou plus de
députés à élire, des minorités déjà petites auraient pu se faire représenter.

Mais il est d'autres propositions bien plus importantes et qui modi-
fient du tout au tout notre système électoral :

Un premier, présenté par M. E. de Girardin en 1875, à l'Assemblée
nationale, lors de la constitution actuelle ;

Un second présenté par Godin, fondateur du familistère de Guise.

Et un autre que j'appellerai le système blanquiste parce que le parti
politique qui porte ce nom s'en est fait le promoteur.

Ces trois projets peuvent presque se confondre en un seul. Adoptés
entiers, dans tous leurs détails, les résultats seraient identiques.

Quoique différents dans leurs énoncés, dans leurs clauses, ils ne tar-
deraient pas, en pratique, à se ramener tous trois au système de
Girardin, qui est à la fois le plus simple et le plus parfait. C'est celui,

à peu près, auquel je m'étais déjà arrêté moi-même avant de connaître les idées de mes devanciers.

Le voici en quelques mots, nous y comparerons les autres et nous verrons ensuite comment, dans la pratique, ils se confondent avec lui :

Emile de Girardin proposait de ne faire de toute la France qu'un seul collège électoral et de ne donner qu'une seule voix à chaque électeur. Les électeurs voteraient sur une seule liste de candidats qui seraient élus à la majorité relative. Le scrutin, dépouillé le jour même du vote à la commune, serait transmis à Paris où le recensement général des voix serait fait par les soins de la législature sortante.

Ce système est simple, on le voit, et ses avantages seraient considérables.

Le système de Godin a aussi pour base le collège électoral national; il ne diffère du précédent qu'en ce qu'il donne dix ou douze voix à chaque électeur, avec la faculté, du reste, de cumuler les voix sur un moins grand nombre de candidats et même sur le nom d'un seul.

Le système blanquiste semble s'en écarter davantage, mais, en réalité il en est encore plus voisin : Ainsi que dans le projet de Girardin il y a collège électoral unique et une seule voix par bulletin, la différence est dans les conditions qui entourent ces premiers principes.

Les blanquistes appellent leur système : *Représentation proportionnelle des partis*, et voici l'exposé du reste de leur projet:

Les partis groupés et organisés, ou qui se groupent, s'organisent pour la circonstance, dressent une liste de leurs candidats à la tête desquels figure un nom en vue, saillant, qui caractérise bien l'opinion du parti représenté par la liste. Les listes de chaque parti sont inscrites officiellement au ministère de l'intérieur. Les électeurs votent seulement sur les noms de tête des listes. Ainsi, pour faire comprendre par des exemples *ad hoc* et *ad libitum*, Ferry, caractérisant les opportunistes, serait tête de liste de sa sainte séquelle, Clémenceau serait tête de liste de la bande radicale, Boulanger de la bande boulangiste, chauvine et multicolore, Cassagnac d'un autre côté et ainsi de suite pour toutes les opinions, tous les partis et probablement toutes les fractions de parti. A la suite de ces noms patronymiques seraient placés, par ordre de mérite, comme sur une liste d'avancement, les candidats adhérents. Après le dépouillement du vote, si Clémenceau, par exemple, avait obtenu trois cent mille voix et qu'il faille vingt mille voix pour un élu, on prendrait sur la liste Clémenceau autant de candidats qu'il y aurait de fois vingt mille voix dans le nombre obtenu par elle et ce serait des députés représentant le parti radical et ainsi pour les autres partis. Les partis seraient donc bien représentés proportionnellement à leur nombre manifesté le jour de l'élection.

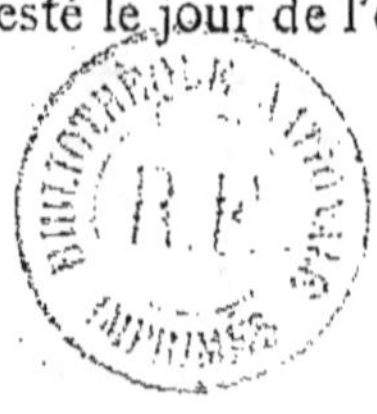

b. — COMPARAISON

Maintenant essayons de voir comment, dans la pratique, ces trois systèmes se confondent, à peu près, en définitive.

Avec le système de Girardin et celui de Godin, des listes de parti peuvent certainement se produire et même certainement seront produites par des comités qui n'auront pas nécessairement de rôles officiels, mais qui fonctionneront tout aussi puissamment. La seule différence, c'est que les candidats ne se disputeront pas la préséance. Il est vrai que les électeurs devront voter pour tous les candidats qu'ils voudront nommer, mais cet inconvénient-là — que je considère comme une qualité importante parce qu'il annihile les voix des inconscients, on en verra la démonstration plus loin — se réduit à peu de chose quand on remarque que les listes seront excessivement nombreuses, que la représentation des minorités comment qu'elle soit produite sera bien plutôt une représentation proportionnelle des intérêts qu'une représentation proportionnelle des partis. On arrive vite à voir que les listes auront peu d'importance, qu'il y aura presque autant de listes que de candidats, surtout si la représentation est peu nombreuse, si elle est de 100 ou 200 au plus, comme tous ces projets le demandent pour de fort bonnes raisons qu'on verra plus loin.

Godin, lui, donne douze voix à chaque électeur, mais il oublie que, comme je viens de le dire, les listes seront très nombreuses, aussi nombreuses, dans son système, que les fractions dissidentes des partis et que les intérêts divers à représenter ; que par suite les listes de douze noms seront des exceptions fort rares, pour ne pas dire introuvables ; que par suite encore, les électeurs, auxquels il donne avec juste raison la faculté de cumuler leurs voix, seront par le fait dans la nécessité inéluctable de le faire et qu'alors il serait plus simple pour eux que ce cumul soit tout fait par le bulletin à un seul nom auquel le bulletin cumulatif correspond.

L'idée qui a inspiré Godin : de permettre à chaque électeur de porter des aptitudes diverses et spéciales aux fonctions publiques des ministères, est très bonne, mais elle n'aura de sanction, d'application que quand la science sociologique aura mis à peu près tous les intérêts et tout le monde d'accord, ce qui est encore dans un avenir plus ou moins lointain, je crois ; jusque-là les intérêts. . . . particuliers, particularisés tout au moins, commanderont les groupements et mettront le souci des aptitudes particulières, autres que celles devant servir les intérêts particuliers alors en question, bien loin au second plan des préoccupations des électeurs.

Il est donc inutile de s'en préoccuper dans l'établissement du système électoral ; du reste, quand il deviendra possible de penser aux diversités d'aptitudes administratives, les comités sauront y pourvoir en leur faisant une place légitime sur leurs listes. Le bulletin à plusieurs voix est donc inutile et plus incommode que tout autre chose. Le bulletin à une seule voix, contrairement à ce qu'a cru y voir Godin, n'enlève aucune liberté à l'électeur qui, par la force des choses, quand il veut employer utilement son suffrage, doit nécessairement s'entendre avec ses concitoyens et ensuite en réalité, en voyant bien le fond du fait, voter pour un seul et même candidat, même quand le parti auquel il appartient en a plusieurs.

Quant au système blanquiste, la grande pluralité des listes en détruirait le seul avantage, si c'en est un, qui devrait être de rendre la distinction des partis, la distinction des opinions plus facile; mais il aurait deux grands inconvénients : il vivifierait les voix des inconscients qu'il faut, au contraire, anihiler, et il organiserait des plébiscites en permanence, il créerait officiellement des chefs, des *maîtres* de parti pour ainsi dire. Il est curieux que de semblables projets, que de semblables idées ne viennent qu'à des hommes qui ont pris pour devise : *Ni Dieu ni maître.* Il est vrai que toute l'organisation de ce parti semble *hurler* contre cette devise qui conviendrait aux anarchistes mais non à eux.

IV

LES APPLICATIONS

a. — CONSIDÉRATIONS PRÉLIMINAIRES.

Les projets que je viens d'exposer ne visaient que la constitution du Parlement législatif, que l'élection des députés. Mais les raisons qui rendent nécessaire son adoption pour ce corps élu, existent aussi pour les conseils communaux, d'arrondissement, départementaux ; voir même pour les commissions de finances, d'étude, d'enquête ou autres élues dans leurs seins ; pour les conseils de l'instruction publique, de la guerre ; pour les divers corps électifs des tribunaux : prud'hommes, juges consulaires, etc., etc., dans tous ces corps élus il y a des intérêts, des opinions, des partis divers à servir et la représentation des minorités est nécessaire pour eux.

C'est même dans ces corps que l'expérimentation de ce système électoral nouveau, si différent de ce qui existe aujourd'hui, pourrait se faire avec le plus de facilité. Ainsi pour les conseils municipaux et pour les conseils généraux l'application serait facile ; il en est de même aussi pour les commissions que les chambres et les conseils nomment dans leurs seins pour l'étude des projets qui leur sont soumis ou pour les enquêtes qu'ils jugent utile de faire. Dans tous ces cas la représentation des minorités serait utile et facile.

De là la forme de loi générale que je donne au projet ci-après :

b. — PROJET

ART. 1. — Chaque corps élu est nommé par un collège électoral unique, composé de tous les électeurs ressortissant du corps à élire.

ART. 2. — Chaque électeur vote au moyen d'un bulletin ne contenant le nom que d'un seul candidat. — Dans le cas où un bulletin porterait plusieurs candidats le dernier seul serait recensé.

ART. 3. — Les élections ont lieu à la majorité relative ; mais pour être valable au premier tour de scrutin il est nécessaire que le nombre des votants contienne les trois cinquième au moins des électeurs inscrits.

ART. 4. — Les scrutins s'ouvrent un dimanche, à 8 heures du matin et sont clos à 4 heures du soir du même jour. Le dépouillement a lieu immédiatement après le vote et le résultat proclamé est transmis sans retard au chef-lieu de la circonscription électorale pour servir au recensement général des votes.

ART. 5. — Les membres des corps élus sont nommés pour deux ans et renouvelables par moitié, chaque année, à des dates fixes et sans qu'il soit besoin de convoquer les électeurs à cet effet.

Les prescriptions des articles 4 et 5 ne sont pas applicables aux nominations de commissions qui se font dans le sein des corps élus.

ART. 6. — Le conseil national est composé de 100 membres ; les conseils départementaux sont composés de 50 membres ; les conseils d'arrondissement ou de canton sont composés de 30 membres ; les conseils communaux sont composés, savoir : de 8 membres pour les communes de 500 habitants et au-dessous, de 12 membres pour les communes de 500 à 1,000 habitants, de 18 membres pour les communes de 1,000 à 5,000 habitants, de 24 membres pour les communes de 5,000 à 25,000 habitants, de 30 membres pour les communes de 25,000 à 100,000 habitants, de 36 membres pour les communes de 100,000 à 500,000 habitants, et de 40 membres pour les villes ayant plus de 500,000 habitants.

ART. 7. — Les membres d'un quelconque des conseils publics précédents pourront être révoqués par droit souverain, par les comités électoraux qui ont patronné leurs candidatures, s'ils se sont conformés aux prescriptions suivantes :

Les comités électoraux sont composés d'au moins 5 membres et formés exclusivement d'électeurs de la circonscription pour laquelle ils sont institués. Chaque comité fait au chef-lieu de sa circonscription, le dépôt de la liste des candidats qu'il patronne. Cette liste est signée de tous les membres du comité et elle porte l'acceptation du patronage signée des candidats. — Tout candidat qui aura accepté plusieurs patronages dans une même circonscription électorale sera non éligible dans l'élection, et les bulletins portant son nom seront considérés comme bulletins blancs.

Les révocations ne sont pas motivées; elles sont faites au moyen d'une simple déclaration au corps élu signée par les deux tiers au moins des membres du comité électoral ayant patronné la candidature des révoqués.

ART. 8. — Le remplacement des membres décédés, démissionnaires ou révoqués a lieu lors des élections annuelles. La liste des élus dans chaque élection annuelle comprend donc une première partie composée des candidats ayant obtenu le plus de voix, élus pour deux ans en remplacement de la moitié sortante des conseils et une deuxième partie élue en remplacement des membres manquants dans l'autre moitié, par suite de révocation, démission ou décès survenus dans l'année.

c. — QUELQUES OBSERVATIONS

Les trois premiers articles contiennent toutes les conditions nécessaires à une complète représentation des minorités. La forme de loi générale permettrait de les appliquer à tous les corps élus possibles, et ils donneraient satisfaction à tous les intérêts et à toutes les opinions qui, avec eux, pourraient se faire représenter.

L'article 4 serait peut-être mieux placé dans une loi réglant toutes les petites formalités des votations dont il était inutile de m'occuper ici, et qui, dans le système actuel, sont réglées par divers décrets de 1852 et autres. Ces règlements auraient certainement besoin d'être retouchés, mais leur importance, quoique réelle, est secondaire, et ils peuvent être négligés pour l'instant.

Les articles 5 et 6, sur la durée des mandats et le nombre des membres, édictent des prescriptions secondaires, mais qui font pourtant partie intégrante du nouveau système électoral. On trouvera aux *Avantages moraux et politiques* les raisons qui les ont dictées.

Les articles 7 et 8 donnent une existence légale aux comités électoraux et les investissent du grand pouvoir de révoquer les élus; mais, je le déclare, ces articles-là n'ont pas la prétention d'être parfaits, ils indiquent seulement une tendance, une direction, un principe à observer.

V

OBSERVATIONS PRATIQUES

a. — MOYEN DE RÉPARTIR LES VOIX D'UN PARTI ÉGALEMENT
ENTRE TOUS SES CANDIDATS

Avec ce système électoral qui fait les élections à la majorité relative
et qui permet aux minorités d'être représentées, il importe aux partis
de connaître exactement leurs forces, c'est-à-dire le nombre total de
voix que leurs candidats pourront réunir.

Certainement le choix des candidats influera sur ce nombre, mais
l'influence des comités sera supérieure à celle de la notoriété des
candidats. Cependant, de toutes les influences, la plus considérable,
à mon avis, celle sur laquelle il faudra surtout baser ses évaluations,
sera celle qui résultera de l'*organisation* du parti et de la clarté de son
programme longuement connu.

La nécessité de connaître exactement ses forces résulte de ce fait
qu'une mauvaise évaluation, soit qu'elle porte le parti à prendre plus
de candidats qu'il n'a droit d'en avoir, soit qu'elle le porte à en
prendre moins, aura pour conséquence inévitable de lui faire perdre
une partie de sa représentation.

Ainsi, si l'évaluation est en dessous, il prendra moins de candidats
et il perdra ceux ou celui qui aurait complété son contingent exact;
si l'évaluation est supérieure, il prendra un plus grand nombre de
candidats et, en leur répartissant ses voix, il ne leur en donnera à
chacun qu'un nombre insuffisant peut-être pour les faire arriver, ce
qui pourra permettre à d'autres candidats, qui n'auraient pas dû être
élus, de prendre leurs places aux conseils.

Une évaluation trop forte sera même plus dangereuse qu'une évaluation trop faible. Par cette dernière, le parti peut abandonner un ou
deux sièges, mais par contre il fait arriver plus sûrement ceux qu'il
porte; par une évaluation trop forte, au contraire, sans aucune chance
d'obtenir un siège de plus qu'il n'a droit à en avoir, il peut lui arriver
que ses candidats repoussés aux derniers rangs de la liste ne puissent
plus être comptés dans les élus.

Il est une chose pourtant dont on peut être très certain, c'est que le
nombre des candidats sérieux sera très limité et ne dépassera guère
le nombre des membres à élire. La raison de cela c'est que chaque

parti évaluant le plus exactement possible ses forces, se limitera généralement au nombre précis qui lui revient, et le nombre des candidatures ainsi posées approchera de bien près celui des membres à élire.

Nous avons étudié plus haut le chiffre de la majorité absolue. Si les élections ne se font plus à cette majorité, les partis devront cependant, dans leurs calculs, regarder cette majorité comme absolument nécessaire à leurs candidats. Avec elle, les candidats seront infailliblement élus, mais sans elle, même à très peu de voix en moins, ils pourront rester sur le carreau. Il faut donc, de toute nécessité, que les candidats obtiennent la majorité absolue, telle que nous l'avons calculée plus haut ; c'est-à-dire qu'ils aient un nombre de voix égal *au quotient augmenté d'une unité du nombre total des Voix émises, divisé par le nombre augmenté de un des Représentants à élire*, soit : $\frac{V}{R+1} + 1$

Ce nombre là est, je ne saurais trop le répéter, absolument nécessaire pour la certitude de l'élection. Cependant les partis qui montent peuvent calculer légèrement en dessous, car il est certain qu'il y aura toujours assez de voix égarées, ce qui diminuera la majorité relative nécessaire, et en escomptant leurs progrès, il ne sera pas trop imprudent de prendre un candidat de plus que leurs forces connues ne le permettraient.

Pour de sérieuses causes, ce seront les partis prolétariens qui auront le moins à redouter les mécomptes. La plus importante de ces raisons, c'est que, ce système électoral donnant avant tout la représentation des intérêts, les intérêts très multiples des bourgeois diviseront et subdiviseront leurs forces, tandis que l'intérêt unique et commun de tous les prolétaires tendra de plus en plus à les réunir. On peut conclure sûrement de là que les partis bourgeois auront une tendance à évaluer leurs forces au-dessus de ce qu'elles sont réellement, tandis que les partis ouvriers évalueront généralement au-dessous, ce qui sera pour eux un avantage très important.

J'ai dit ce qui précède pour montrer l'indispensabilité : 1° de ne pas prendre trop de candidats ; et 2° de les faire arriver tous ensemble sur la liste. Cette dernière chose est tout aussi importante qu'aucune autre : Le candidat qui restera en retard ne sera pas élu et les voix que les autres candidats du même parti auront eues en trop, seront des voix absolument perdues.

Une exacte répartition des voix du parti sur ses candidats s'imposera donc. Or, cette exacte répartition des voix demande plusieurs choses :

Elle ne sera possible qu'avec une entente, une discipline parfaite et avec l'exacte observation des recommandations suivantes:

Lors d'une élection, la première chose à faire sera toujours d'évaluer les forces et, d'après cette évaluation, de fixer le nombre des candidats du parti. Cette évaluation nécessaire exigera de chaque parti qu'il tienne un compte bien à jour des voix qu'il obtiendra dans les diverses votations qui pourront se faire. Supposons maintenant cette œuvre préliminaire faite et bien faite, ainsi que le choix des candidats, et admettons qu'un parti, le parti collectiviste, par exemple, prenne dix-neuf candidats. Pour que les dix-neuf candidats arrivent ensemble, c'est-à-dire aient autant de voix les uns que les autres, il faut que tous les membres de ce parti, d'un bout à l'autre de la circonscription, s'entendent par groupes de dix-neuf électeurs, afin de voter chacun pour un candidat différent. C'est là le seul moyen parfait de répartir exactement les voix du parti sur ses candidats. Mais il arrivera souvent que ce groupement sera difficile ; en tous cas, beaucoup d'électeurs ne pourront pas se grouper ou faire un groupe complet ; dans ce cas, après avoir fait les groupes incomplets aussi forts que possible, les électeurs devront demander à un tirage au sort de désigner ceux des dix-neuf candidats pour lesquels ils devront voter, en faisant en sorte, bien entendu, de toujours voter chacun pour un candidat différent. Ce sont là, qu'on se le rappelle bien, des pratiques qu'il sera indispensable d'observer fidèlement.

Si les électeurs, conformément au projet Godin, avaient chacun dix ou douze voix à répartir, ils devraient se grouper de la même manière, et le moyen le plus simple de donner à tous leurs candidats le même nombre de voix serait encore de voter chacun pour un candidat différent et de cumuler sur son nom toutes les voix permises.

Comme, moralement, cette façon de procéder serait obligatoire, on comprend qu'il n'y a aucun avantage à donner plusieurs voix aux électeurs ; car il revient au même de donner le suffrage en dix dixièmes ou de le donner tout d'un bloc.

b. — COMMENT L'INFLUENCE DES JOURNAUX, DE LA FORTUNE ET AUSSI LES VOTES DES INCONSCIENTS SERONT ANIHILÉS

C'est, à mon avis, un grand bonheur que la nécessité de l'entente, de la discipline et de l'observation des pratiques que je viens d'indiquer soit si impérieuse. Par là, l'influence néfaste possible des journaux et de la fortune sera complètement détruite.

Malgré toutes les dépenses imaginables faites par leurs adversaires, malgré la réclame la plus effrénée, affolée même des journaux et de l'affichage, les partis organisés feront arriver leurs représentants ; je dirai même que cette réclame contre eux, que les flots d'argent dépensés par leurs adversaires ne feront qu'assurer leur succès. Oui, je le dis, et je crois en avoir la vision très nette. D'abord, toute réclame ne peut s'adresser qu'aux électeurs non groupés, non organisés ; ceux-ci se laisseront entraîner, c'est possible, à voter pour des personnalités saillantes, voyantes qui, presque toujours, n'ont pas besoin de leurs voix pour être élus, de sorte qu'elles leur seront données inutilement, et même ces voix égarées diminueront le chiffre de la majorité relative nécessaire aux candidats des autres partis. Dans un parti comme le parti opportuniste, par exemple, toute la réclame aboutira à jeter une foule de voix inutiles sur un ou deux des leaders du groupe et, tandis que ces candidats en vue auront un nombre considérable de voix, leurs collègues resteront loin derrière eux et ainsi, justement par la faute de la réclame qui aura accumulé les voix sur les têtes de liste, il arrivera que plusieurs candidats du parti seront repoussés dans les derniers dessous.

Les électeurs inconscients ceux qui votent machinalement, auront vingt chances contre une de donner leurs voix inutilement, soit à des candidats qui n'en avaient pas besoin, soit à des candidats qui n'avaient aucune chance d'être élus. Rarement la réclame aura servi à une élection ; son fait, le plus général, sera de donner des voix inutiles aux leaders des partis qui auront tort de s'en glorifier, car ce seront surtout des voix d'imbéciles : les électeurs conscients ne votant pas ainsi sans savoir si leurs voix sont utiles ou non aux candidats de leurs partis.

On le voit, la fortune et la réclame qu'on peut faire avec elle seront impuissantes à nuire aux partis organisés, et, par ce système électoral, les voix des inconscients, si dangereuses aujourd'hui, seront en quelque sorte annihilées, parce qu'elles s'égareront sur des noms auxquels elles ne pourront servir.

c. — POURQUOI LES MAJORITÉS NE SERONT PLUS HOMOGÈNES ET NÉCESSITÉS QUI EN RÉSULTENT.

La représentation proportionnelle des minorités a pour conséquence inévitable l'impossibilité à peu près complète de l'homogénéité des majorités. On ne verra plus de longtemps, comme cela se voit fréquemment aujourd'hui, des conseils entiers à un même parti. Les majorités... de gouvernement, comme on dit, ne seront plus homogènes, parce que les corps élus, images fidèles du corps électoral, contiendront des représentants de toutes les opinions, et l'on peut dire que les assemblées ne seront plus formées que de minorités diverses. Les ministres pour l'Etat, les membres des commissions de permanence des conseils généraux et les municipalités des communes ne seront plus, comme ils essaient de l'être, des représentants de la majorité ; ils devront se contenter de devenir des administrateurs soigneux des pouvoirs exécutifs, responsables seulement de leurs gestions personnelles. Du reste, déjà actuellement, le besoin s'en fait sentir assez fortement pour rendre impossible de bonnes administrations et pour susciter de toute part des projets de réforme, et, entre autre, la substitution de la responsabilité ministérielle individuelle à la responsabilité collective, qui n'a plus et qui toujours davantage, jusqu'à ce qu'on l'aie modifiée, n'aura plus la stabilité administrative nécessaire.

Avec la représentation des minorités, les ministres ne devront ni ne pourront plus être que des agents exécutifs des décisions du pouvoir souverain : le corps électoral, fidèlement représenté dans les corps élus.

d. — COMMENT LES PLÉBISCITES TOURNERONT AU DÉSAVANTAGE DES PLÉBISCITEURS.

Le système électoral Blanquiste, dont l'exposé est plus haut, organise pour ainsi dire des plébiscites en permanence. Il est vrai que la répétition fréquente de la chose lui enlèvera peut-être toute vertu malfaisante, parce qu'elle deviendra en quelque sorte une banalité.

Avec le système que nous proposons ici, au contraire — et c'est là sa vraie dissemblance avec le système blanquiste — les plébiscites, possibles en principe, seront réellement impossibles en fait, car ils porteront en eux-mêmes un châtiment pour les plébisciteurs et un contrepoids à leur action.

Qu'arriverait-il en effet si, par exemple, le parti orléaniste voulait plébisciter sur un nom quelconque, sur celui du comte de Paris entre autre?

Admettons le cas le plus favorable pour les plébisciteurs, celui où le parti du plébiscite tenté accepterait le mot d'ordre et voterait comme un seul homme pour M. de Paris.

Eh bien, M. de Paris obtiendrait un beau nombre de voix, je l'admets, seulement son parti serait absolument exclus du Parlement et serait mis ainsi dans la plus complète impuissance.

Et il en sera de même de tous les plébisciteurs : Ils pourront obtenir un siège au Parlement pendant que les autres partis se partageront les places et le pouvoir qu'elles donnent et qu'ils auraient eu sans cela.

VI

DERNIÈRES CONSIDÉRATIONS

a. — AVANTAGES MORAUX ET POLITIQUES

En exposant son système électoral, qui diffère très peu de celui que je présente ici, M. Godin, fondateur du Familistère de Guise, a publié deux très intéressantes brochures où il développe tous les avantages moraux et politiques du projet; il l'a fait de main de maître; aussi je ne puis mieux faire que de renvoyer mes lecteurs à ses deux petits livres (1). Je ne ferai donc ici que d'énumérer les principaux. Quelques-uns du reste sont si évidents, qu'il suffit de les énoncer pour les prouver.

* * *

Voici :

Le collège électoral unique, national pour les députés, départemental pour les conseils généraux, etc., détruira les influences de clocher, délivrera les représentants des quémandeurs infatigables autant que gênants et leur ôtera ainsi une des principales causes qui les font devenir quémandeurs à leur tour.

* * *

Les renouvellements annuels entretiendront dans le peuple une activité politique qui lui donnera peu à peu, sans qu'il s'en aperçoive et malgré toutes les machinations faites pour le tromper, la connaissance certaine de ses véritables intérêts ; les renouvellements annuels ôteront aux représentants le temps de se corrompre et permettront de les épurer, de renvoyer à leurs intérêts privés ceux d'entre eux qui négligeraient les intérêts généraux de leurs électeurs.

* * *

Les relations plus intimes des élus et des électeurs, qui résulteront immanquablement de la représentation des minorités, maintiendront les mandataires dans une ligne de conduite plus directe, plus franche, et les empêcheront de s'occuper de ces intrigues de coulisses dans lesquelles les intérêts des commettants sont mis à l'arrière plan.

* * *

Le nombre limité de la représentation chassera des Conseils la foule des nullités qui les encombrent aujourd'hui et dont toute l'occupation est de colporter, de servir les machinations des finassiers de la politique actuelle. Les représentations peu nombreuses, étant donné aussi la possibilité pour chaque parti de bien prendre les hommes qui personnifient leurs partis, seront surtout composées des notabilités qui, ayant moins de pantins à faire mouvoir, s'occuperont davantage de choses sérieuses et des intérêts confiés à leurs soins.

(1) « *La Réforme électorale et la Revision de la Constitution ; Le Scrutin national au bulletin de liste,* » deux brochures, par Godin, fondateur du Familistère, à la librairie du Familistère, à Guise (Aisne).

*
* *

La représentation des minorités rendra les votants plus nombreux, parce qu'elle donnera à tous les partis l'assurance et la liberté de se faire représenter convenablement. Elle empêchera que les programmes soient défigurés, altérés par des compromis qui ne seront plus nécessaires, qui ne pourront plus être que nuisibles.

*
* *

Enfin, la gent moutonnière, si nuisible par les entraînements inconscients auxquels elle se laisse aller, verra toute sa mauvaise influence sur la valeur des résultats électoraux s'effacer par suite de l'irréfléchit de ses votes.

b. — PAROLES A L'ADRESSE DES CONSERVATEURS.

Je sais bien que les conservateurs pourront trouver mauvais que les minorités soient représentées; cependant, il y a de bonnes et nombreuses raisons à donner pour l'appuyer. J'en ai déjà passablement indiqué soit d'ordre général, soit d'ordre progressiste, cependant j'en veux montrer encore d'ordre conservateur, et je ne les donnerai pas toutes, il s'en faut de beaucoup, je n'en veux même donner plus que deux très différentes et très importantes à la fois.

*
* *

S'il est bon que ce soit la majorité des citoyens qui décide de l'utilité et par suite de l'existence d'une loi, s'il est nécessaire même qu'il en soit ainsi, encore faut-il que cette majorité qui fera la loi soit réelle et pour cela exactement établie, ce qui demande que les minorités le soient aussi. Mais, à côté de cette première nécessité et après les nombreux et parfois terribles exemples dans lesquels on a vu trop bien que la minorité peut avoir raison contre la majorité, qu'un seul homme même peut avoir raison contre tout un peuple, contre tout le monde ; il n'est pas contestable que, dans une démocratie surtout, toutes les idées, tous les intérêts : toutes les opinions doivent être entendues et écoutées avec attention et impartialité ; toutes doivent pouvoir se produire librement au grand jour ; toutes doivent pouvoir se poser et se faire discuter ; en un mot, toutes ont droit à être représentées dans les Conseils publics, autant du moins qu'il est possible de le faire. Il y a même là, je trouve, un intérêt de tranquillité, d'ordre et, on peut le dire, de conservation sociale de premier ordre.

A notre époque de transformations, où les sociétés humaines, souffrantes des préjugés et des mœurs qu'ont légués les siècles passés, cherchent une nouvelle forme, une nouvelle organisation qui puisse permettre de satisfaire aux aspirations de liberté qu'a acquis la personnalité humaine grandie, émancipée par le développement presque inattendu des sciences; à notre époque où l'humanité, dis-je, cherche un ordre social nouveau qui respecte et même grandisse encore dans chaque individu le sentiment de sa dignité personnelle, dont il a enfin conscience, plus qu'à tout autre moment de l'histoire, il faut permettre aux idées neuves de se faire jour.

Il n'y a pas et on aura beau le nier, l'humanité souffre. Il lui faut sortir du mauvais pas où l'ignorance l'a jetée : ce sera le progrès, œuvre de progrès; mais aussi, comme tout progrès, ce sera l'œuvre d'un, puis de quelques-uns et enfin de minorités grandissantes.

Quand on voit l'immensité des souffrances, l'immensité indéniable des souffrances actuelles, ce qu'il faut, ce n'est pas seulement de *permettre* au progrès de s'accomplir; ce devrait être aussi de lui aider, de le stimuler même; car on est pressé d'apporter un remède à tant de maux. Oui, je le dis, il faut sortir de la situation de plus en plus intolérable actuelle, et ce ne peut être que l'œuvre d'une minorité venue ou à venir.

Faut-il que cette minorité grandisse à l'ombre, en cachette, hors des grandes tribunes, puis, tout à coup, devenue puissante, surgisse des lieux où elle était reléguée et vienne implanter l'ordre nouveau qu'elle apporte, en renversant, comme par une tempête, tout ce qu'elle croira contraire au bien ? Ou bien, vaut-il mieux que les idées nouvelles soient admises à se montrer au grand jour, dès leur enfance, afin qu'elles soient discutées librement et que l'état social se façonne peu à peu aux nécessités qui naissent, en se modifiant à mesure qu'elles grandissent ?

Si vous voulez une transformation brusque, emportant dans une tourmente violente tout le fatras, tous les haillons du passé, et en semant les ruines à tous les pas, mettez des obstacles à la propagande ouverte des idées, fermez les tribunes aux opinions naissantes, écrasez les minorités, excluez-les des Parlements; elles grandiront ignorées ou méconnues, puis, au moment où vous vous y attendrez le moins, elles arriveront au pouvoir et saperont d'autant plus énergiquement le vieil édifice social qu'elles auront plus tardé d'en commencer la démolition ou qu'elles auront eu plus de difficultés à vaincre.

Si, au contraire, vous désirez que l'ordre social se transforme peu à peu, en profitant, au fur et à mesure de leur venue, des idées nouvelles qui mûrissent, par tous les moyens possibles, facilitez l'émission des pensées; ouvrez à toutes les opinions le champ clos de la discussion libre; permettez-leur de se développer à l'aise, au soleil; faites qu'elles soient toutes exactement représentées dans les Conseils publics, à la tribune : discutées, elles s'épureront : les fausses seront convaincues d'erreur et s'éteindront; les bonnes se feront jour sans désordres, et l'opinion publique les acclamera et, les approuvant, non seulement n'en sera pas surprise et gênée, mais encore leur donnera son appui et les réalisera.

Si vous voulez, dis-je, que la transformation sociale commencée par la Révolution française ou, plus exactement, rendue nécessaire par l'éclosion rapide du sentiment de la dignité personnelle, dont les grands progrès intellectuels ont donné la conscience, s'accomplisse sans secousse, donnez à chaque opinion la représentation légale et proportionnelle à laquelle elle a droit; cherchez à la faire entrer, selon sa force exacte, dans les conseils : la paix publique y gagnera, ainsi que le progrès qui pourra se développer plus à l'aise.

Avec le système actuel de votation, qui fait que les minorité, écrasées, ne sont pas représentées ou le sont très imparfaitement, les révolutions sont sans cesse menaçantes du haut en bas de la vie publique, parce qu'il faut souvent bien peu pour qu'une minorité, battue partout hier encore, soit le lendemain toute puissante. Il suffit d'un faible déplacement dans l'opinion pour que les vaincus deviennent des vainqueurs. Avec un mode électoral qui permettra la représentation exacte de toutes les opinions, de tous les intérêts, les fluctuations de l'opinion publique, toujours très lentes en réalité, seront fidèlement reproduites dans les Parlements, et les grandes modifications, dans leur composition, seront impossibles ou tout au moins ne seront plus brusques.

La représentation vraie des minorités est donc bien un puissant facteur de tranquillité sociale, et c'est faire œuvre de pacification autant que de progrès que de la demander ou de l'établir.

c. — ULTIMA RATIO

Mais, de toutes les raisons données plus haut dans le cours de ce petit écrit, la plus puissante, pour nous prolétaires, c'est que ce système électoral créera, suscitera, fomentera, activera les divisions bourgeoises, tandis qu'au contraire, par la force des choses, malgré eux-mêmes, s'ils étaient assez fous pour s'y opposer, les prolétaires seront poussés par lui à l'union la plus absolue, la plus intime.

Je l'ai expliqué déjà, la représentation des minorités sera, d'abord, bien plutôt la représentation des intérêts, la défense des intérêts. Or, les intérêts des bourgeois sont multiples, divers, et la plupart du temps opposés entre eux, et cette diversité d'intérêts créera fatalement des divisions entre eux. Avec la représentation des minorités, on verra surgir des représentants de marchands de vin, baptiseurs de vin; des représentants de droguistes, d'épiciers, de marchands de fer, d'agriculteurs, de marchands de blé, de navigateurs, de banquiers... banquistes de toutes espèces. On verra même des représentants spéciaux pour les protestants, pour les juifs, les ultramontains, les libres-penseurs, etc., etc., toutes opinions et intérêts disparates qui essayeront d'avoir des représentants particuliers, et dont les candidats souvent seront évincés par l'insuffisance de l'entente bourgeoise et par le trop grand nombre d'ambitions analogues.

Tel sera infailliblement le spectacle que donnera la bourgeoisie dans la défense de ses intérêts, et pendant ce temps-là les prolétaires qui, tous, n'ont et ne peuvent avoir qu'un seul et même intérêt, je dirai même qu'une seule et même opinion, resserreront de plus en plus leurs rangs, unifieront de plus en plus le programme de leurs revendications et deviendront, par suite, de plus en plus unis et homogènes devant leurs ennemis bourgeois.

Avec la représentation des minorités, avec la représentation proportionnelle des intérets, la force du prolétariat conscient grandira sans cesse, poussée par une puissance infatigable qui nous mènera bien vite à la victoire dernière.

Oui, tous les avantages moraux et politiques énumérés plus haut sont vrais, mais aucun, pour nous prolétaires, ne vaut celui de la désagrégation des forces bourgeoises et de l'union qu'il mettra parmi nous. Aussi, cet avantage-là, amis, doit être à nos yeux sa *suprême raison*, l'ULTIMA RATIO.

VII

LA LÉGISLATION DIRECTE

Tout près de la réforme électorale, de l'organisation de la représentation légale des minorités, il y a encore une institution nouvelle pour notre pays, à établir. Je veux parler de *la législation directe*.

Tous les citoyens, à peu près, savent ce que l'on entend par le *Referendum* : C'est, d'un côté, le devoir pour les pouvoirs publics de soumettre à l'adoption directe du peuple, les lois nouvelles, et de l'autre, le droit pour le peuple, de s'opposer à l'établissement d'une loi qui ne lui convient pas.

Je ne veux pas rechercher toutes les raisons qui font du *referendum* une institution légitime, nécessaire sans laquelle la souveraineté nominale du peuple n'est qu'un mot vide de sens. Quelle souveraineté en effet peut bien posséder un être qu'on peut soumettre à toutes les lois arbitraires que les autocrates oligarchiques ou monarchiques peuvent se mettre en tête de lui faire ? Auquel, enfin, on peut faire la loi ?

Non, il n'y a pas de souveraineté pour un peuple auquel on peut appliquer des lois qu'il n'a pas approuvées.

Le *Referendum* est donc bien une institution légitime, une sanction nécessaire à la souveraineté du peuple. Mais par lui-même il n'est encore qu'un pouvoir négatif, c'est un droit de s'opposer, un droit de *veto* ; il n'y a pas là de pouvoir actif, de *pouvoir* vrai, de pouvoir créateur, comme doit en avoir un véritable souverain.

Je sais bien que l'action directe et bien réglée du corps électoral sur ses représentants, peut obvier à ce défaut ; cependant permettez-moi de le dire, rien ne vaut un pouvoir réel.

C'est pour cela que, quoique ce sujet soit assez différent de celui qui a fait l'objet de ce travail et par la seule raison qu'il s'agit encore ici des *votes*, je veux donner en quelques mots l'exposé d'un système qui bien mieux que le *referendum* est un moyen de législation directe. Je l'appelle l'*Initiative populaire*.

Le système n'est du reste pas une chose toute neuve, c'est une vieille institution déjà en Suisse, où je l'ai vu appliquer notamment dans le canton de Vaud.

Il est excessivement simple ; voici :

Le corps électoral, le peuple voulant une loi, voulant réaliser une réforme quelconque, prépare comme il l'entend : par des discussions en réunion publique, par les polémiques des journaux (qui seraient ainsi bien plus intéressantes), par ses comités, par les écrits des penseurs, etc. ; le peuple, dis-je, prépare, rédige un projet, puis, le projet achevé, il entreprend une campagne de pétitionnement sur lui et quand il a réuni un nombre suffisamment considérable de signatures, le projet est soumis au vote populaire qui en fait une loi d'Etat ou qui le repousse.

Les lois ainsi votées sont certainement plus mûres qu'aucune de celles que peuvent confectionner les législateurs attitrés, même dans le cas où elles ont obtenu une consécration par le *referendum*.

Certainement on peut entourer soit le *referendum*, soit l'initiative populaire de règlements qui en feront des institutions plus ou moins simples, plus ou moins parfaites, mais qui n'empêcheront pas leur principe inspirateur de donner des résultats heureux, soit directement par les quelques lois, par les quelques réformes que le peuple pourra faire ainsi par lui-même, soit indirectement en lui donnant confiance dans sa dignité et dans le respect qui lui est dû et qu'il saura, du reste, imposer au besoin.

Ces institutions de législation directe satisferaient sans doute un peu ceux qui supportent avec peine l'idée de l'existence de législateurs de profession, et peut-être leur donneraient-elles confiance, foi dans la possibilité des réformes pacifiques, auxquelles ils sont généralement portés à ne pas croire. Je serais bien heureux si le petit exposé que je fais là d'une réforme politique, très possible en réalité, pouvait ramener à la théorie seule vraie de l'évolution sociale ayant le temps pour un de ses importants facteurs, quelques-uns des socialistes qui l'oublient et qui, par suite, ne voient que dans la violence, dans des cataclysmes, la route des progrès de l'humanité.

A. BONTHOUX

132 — Imprimerie Nouvelle Lyonnaise (association syndicale des ouvriers typographes), rue Ferrandière, 52.

LE COLLECTIVISME

PAR

A. BONTHOUX

Le LIVRE IV *est en cours de publication. Il sera complet en dix brochures d'inégales grosseurs, qui contiendront chacune un chapitre.*

PREMIÈRE PARTIE

INTRODUCTION

DEUXIÈME PARTIE

ORGANISATION DU TRAVAIL

TROISIÈME PARTIE

CONCLUSION

DU MÊME AUTEUR

En préparation ou sous presse :

LA REPRÉSENTATION DES MINORITÉS. — Cette petite brochure est une étude approfondie d'une question nouvellement posée à l'opinion, mais qui sera de plus en plus à l'ordre du jour..... **0.35**

APPENDICES A « L'ORGANISATION DU TRAVAIL »

Sous ce titre général, l'auteur va publier, pour faire suite aux chapitres V, VI, VII et VIII de son livre : l'*Organisation du travail*, diverses petites brochures qui apporteront des propositions pratiques, soit comme projets de lois, soit autrement. En voici la série :

Appendice au Chapitre V. — *Premier fascicule.* — Il est consacré aux charges sociales de coopération, et il montre la voie pratique à suivre pour la socialisation.

2me *fascicule.* — Il traite des assurances et de l'assistance publique.

3me *fascicule.* — Il traite des pensions aux vieillards.

Appendice au Chapitre VI. — Il traite du projet d'impôt sur la propriété bâtie, dit impôt d'espace ou cubique.

Appendice au Chapitre VII. — Il contient un projet de loi générale sur les échanges internationaux.

Appendice au Chapitre VIII. — Il expose diverses propositions qui feraient diminuer les chômages.

PETIT DISCOURS D'UN OUVRIER SUR LA JUSTICE. — Cette petite brochure concise contient un exposé philosophique de morale judiciaire, une virulente critique de l'organisation judiciaire actuelle et des propositions de réforme.

UNE DISCUSSION. — Critique de la propriété bourgeoise, ou la sélection naturelle et le droit du fait comparés.

PROJET DE CONSTITUTION. — Etudes sur la révision de la constitution.

COMMENT LE COLLECTIVISME DEVIENDRAIT UN ENFER SOCIAL. — Petite brochure posant par anticipation un des grands problèmes de l'avenir.

UNE CONCEPTION SCIENTIFIQUE DE DIEU. — Petite brochure où il est donné ce qu'avec la meilleure volonté possible la philosophie matérialiste peut laisser de l'idée de Dieu, et interprétation *ad hoc* de quelques-unes des plus intéressantes légendes hébraïques ou chrétiennes.

www.ingramcontent.com/pod-product-compliance
Lightning Source LLC
Chambersburg PA
CBHW062313070726
47596CB00009B/1750